Lecturas ①

Bernadette M. Reynolds
Montbello High School
Denver, CO

Carol Eubanks Rodríguez
Glen Crest Junior High School
Glen Ellyn, IL

Rudolf L. Schonfeld
Parsippany High School
Parsippany, NJ

D0062237

PEARSON
Prentice
Hall

Boston, Massachusetts
Upper Saddle River, New Jersey

Art Credits

Illustrations by Robert Baumgartner, chapters 6, 16; John Faulkner, chapter 1; Larry Frederick, chapters 4, 9; Linda Kelen, chapter 11; Joe Rogers, chapters 7, 15; Gladys Rosa-Mendoza, chapter 7; Mr. Stubbs, chapter 5; George Suyeoka, cover, chapters 3, 12, 13.

Calligraphy by Kate Pagni, chapter 2; Eliza Schulte, chapters 3, 6, 9, 10, 15.

18 19 20 V055 19 18 17 16
ISBN 0-13-361001-2

TABLA DE MATERIAS

Detesto

por Carol Eubanks Rodríguez

If you were to write a list of three minor things that you can't
stand, what would they be?

Detesto, ay sí, detesto
mi nombre, Hermenecesto,
la fecha de mi cumpleaños,
mi apellido, Carampapaños,
el yogur, la leche y las yemas
y ¡uf!, leer poemas.

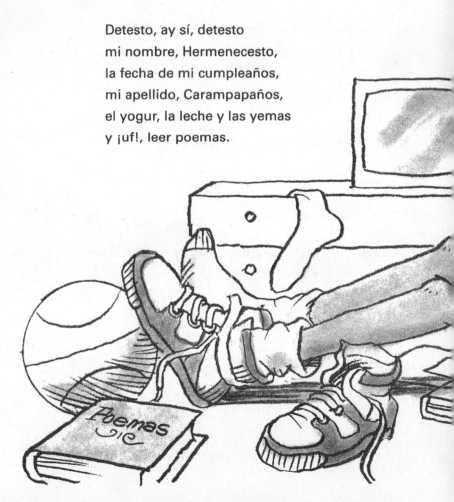

¿DE QUÉ SE TRATA? *(What's it about?)*

1. Could Hermenecesto be a happy person?
2. What could he do about the things he detests?

¿QUÉ QUIERE DECIR?

detesto	I detest, I hate
el apellido	last name, surname
la yema	egg yolk

Yo

por Carol Eubanks Rodríguez

How do you describe yourself?

Yo...
Yo no...
Yo no soy

ni ALTA ni baja

ni GORDA

ni flaca

Yo...
Yo no...
Yo no soy
ni guapa ni fea
ni rubia
ni morena
Pero yo...
Yo soy...
Yo soy ¡yo!

¿DE QUÉ SE TRATA?

1. How well can you describe the girl in the poem?
2. What do you think she means in the last line?
3. Are looks important?

¿QUÉ QUIERE DECIR?

ni . . . ni   neither . . . nor
flaca = delgada

Una visita a los indios mayas

por Judy Veramendi

Have you ever discovered something unexpected?
What did you do with it?

¿QUÉ ES ESO?

SÍ, EN EL AÑO 900 APROXIMADAMENTE. NO SÉ POR QUÉ.

ES UN MONUMENTO CON FECHAS IMPORTANTES.

ESO ES PARA UN DEPORTE QUE SE LLAMA TLACHTLI. ES COMO EL BÁSQUETBOL Y EL FÚTBOL.

¡UF! ¡UNA SERPIENTE!

NO ES REAL. ¡ES UNA ESTATUA!

¡QUÉ CURIOSO...! ¿QUÉ ES?

¿DE QUÉ SE TRATA?

1. Do you know who the Mayas were? Where did they live? Why might they have disappeared?
2. If you were in a similar situation, would you have taken the "diamond"? What do you think it really was?

¿QUÉ QUIERE DECIR?

queremos	we want
nos	*here:* us
desaparecieron	disappeared
como	like
guárdenlo Uds.	you keep it
el recuerdo	souvenir

4

EQUISITA
la muchacha sin nombre
(RADIONOVELA—EPISODIO FINAL)

por Luz Nuncio Schick

Do you think that you could be happily married to someone
whose background is different from yours?

NARRADOR	En el campo y en la ciudad, en las casas y en las plazas, las personas preguntan: ¿Quién es la joven muchacha que trabaja en el palacio de los Ricaccione? ¿Quién es la buena y bonita muchacha de origen misterioso? ¿Quién es EQUISITA . . . LA MUCHACHA . . . SIN NOMBRE?

(música romántica para el episodio)

Hoy Equisita está con Doña Chanita, la vieja y buena señora que
también trabaja en el palacio de los Ricaccione. Las dos mujeres
están en la cocina enorme del palacio para celebrar una pequeña
fiesta. Hoy la muchacha rubia, alta y delgada cumple dieciocho años.
Hace sol y los pájaros cantan. Equisita lleva el uniforme típico—un
vestido azul, zapatos negros y un pequeño sombrero blanco. Pero
hoy no va a ser un día típico para la muchacha . . .

EQUISITA	¡Doña Chanita, no sé qué hacer! El señor Raúl siempre dice, "Te amo, Equisita . . . ," pero yo . . .
NARRADOR	Entra el guapo y joven Raúl de los Ricaccione.
RAÚL	Buenos días, Doña Chanita. ¿Qué tal, Equisita?
EQUISITA	Señor Raúl, ¿por qué entra aquí? ¡Ud. no debe hablar con nosotras! ¡Sólo trabajamos aquí y Ud. es un gran Ricaccione!

RAÚL	Equisita, quiero celebrar tu cumpleaños. ¡Hoy es un gran día de fiesta! Es tu cumpleaños, pero también vamos a celebrar porque . . . Equisita, contesta mi pregunta, ¿quieres ser mi esposa?
EQUISITA	¡Ser esposa de Ud.! ¡Ay, señor Raúl, soy Equisita, la muchacha sin nombre y de origen misterioso! ¡No, es imposible! ¡Un gran Ricaccione no debe amar a una pequeña muchacha que trabaja para Ud.!
RAÚL	Equisita, ¡nada es imposible! ¿Verdad, Doña Chanita, verdad que nada es imposible?
DOÑA CHANITA	Sí, ¡nada es imposible! Equisita, Equisita, yo sé . . . quiero decir que . . . yo sé quién eres, y . . . ¡es posible amar a un gran Ricaccione!
EQUISITA	¡¿Qué?! No comprendo, Doña Chanita . . .
DOÑA CHANITA	Sí, sí, ¡yo sé quién eres! Eres la princesa Margarita del Valle, y ahora vas a ser . . . ¡la esposa de Raúl de los Ricaccione!
EQUISITA	¡Uf!
DOÑA CHANITA	¡Sí, Equisita! Una noche de invierno, en el año . . .
RAÚL	Doña Chanita, no quiero escuchar una larga y lenta historia. Equisita, por favor . . .
EQUISITA	Al contrario, Raúl. Doña Chanita, ¿qué quiere decir Ud.?
DOÑA CHANITA	Hoy cumples dieciocho años, y tu mamá, la gran princesa Alicia del Valle, . . .

RAÚL Equisita, ¡te amo! ¡Ahora vas a ser mi esposa para siempre! Por favor . . .

EQUISITA ¿Tu esposa para siempre? No . . . ¡no, nunca! Doña Chanita, entonces soy rica, ¿no?

DOÑA CHANITA Sí, Equisita, pero no comprendo . . .

EQUISITA Pues, ¡ahora hago lo que quiero! Raúl, no te amo. Nunca te voy a amar. ¡Prefiero ser la esposa de un perro!

NARRADOR Señoras y señores, ¡no comprendo! ¡Esto nunca pasa en las radionovelas! Equisita, Equisita, pero . . . ¿qué vas a hacer?

EQUISITA Sr. Narrador, Ud. habla mucho. La pregunta ahora es: ¿Qué va a hacer Ud. . . . EL NARRADOR . . . SIN TRABAJO? Porque yo quiero ir de vacaciones. ¡Soy rica! ¡Nunca más voy a ser "la buena y bonita muchacha," "la joven muchacha que trabaja en el palacio de los Ricaccione"! ¡Qué bonito es ser rica! Doña Chanita, ¿quiere ir a la ciudad? ¡Vamos a comprar ropa, coches, casas! ¡Vamos a bailar!

NARRADOR Señoras y señores, no sé qué decir. Pues . . . ahora sabemos quién es . . . EQUISITA . . . LA MUCHACHA . . . SIN . . .

EQUISITA ¡Silencio!

¿DE QUÉ SE TRATA?

1. What do you think of Equisita's decision not to marry Raúl?
2. Imagine that you are Raúl. What would you have done next?
3. Why do you think the heroine was named "Equisita"?

¿QUÉ QUIERE DECIR?

la cocina	kitchen	**amar**	love
cumple dieciocho años	turns eighteen years old	**la historia**	story
te amo	I love you	**rica**	rich
no debe	shouldn't	**lo que**	what
la esposa	wife	**sabemos**	we know

Ocupado y cansado

por Carol Eubanks Rodríguez

When you ask your parents' permission for something, do
they ever say "no" before you've finished asking?

Papá, quiero ir a la fiesta con . . .

No me molestes, hijo. Estoy ocupado.

Papá, quiero ir al museo con . . .

No me molestes, hijo. Estoy cansado.

Papá, quiero ir al partido con . . .

No me molestes, hijo. Estoy ocupado.

Papá, quiero ir al restaurante con . . .

No me molestes, hijo. Estoy cansado.

Papá, quiero ir con . . .

No me molestes, hijo. Estoy . . . ¿con quién?

Contigo.

¡No me digas!

¿DE QUÉ SE TRATA?

1. How do you think the father feels when he finally lets his son finish a sentence?
2. Why doesn't the young man ask his mother instead?

¿QUÉ QUIERE DECIR?

no me molestes	don't bother me
contigo	with you

por Judy Veramendi

Do you believe in ghosts? If not, do you think it's possible
that they might exist?

Me encanta leer los libros de misterio y de fantasmas. A mis
amigos Roberto y Susana también les encanta leer. Pero tengo
miedo cuando hablamos de los fantasmas porque . . . es posible
que existan, ¿no?

5   Un día Roberto y Susana vienen a mi casa. Roberto tiene un
periódico.

—Mira—dice Roberto—, ahora se dice que es posible grabar
las voces de los fantasmas. ¿Vamos esta noche a la casa
abandonada de la calle Martínez? Quiero grabar a los

10   fantasmas de allí.

—No es posible grabar a los fantasmas, ¿verdad?—dice
Susana—. Pero va a ser muy interesante.

—No sé—les contesto—. No quiero estar allí por mucho
tiempo.

15   —¿Tienes miedo, Paquita?—pregunta Roberto.

—No . . . Pues, un poco—le contesto.

—Sólo vamos a entrar para dejar la grabadora, y mañana
podemos volver a recogerla—dice Susana.

Tengo miedo, pero si Roberto y Susana van a la casa

20   abandonada, entonces yo voy también.

A las diez de la noche estamos delante de la casa
abandonada. ¡Qué horrible que es! Es vieja y de color gris.

—¿T . . . Tenemos que entrar?—pregunto.

—Pues, Paquita, tú puedes esperar aquí—dice Roberto—.

25   Vamos, Susana.

Tengo más miedo de estar sola . . . Voy con ellos.
Entramos en silencio. Estamos en una sala grande y fea.
Quiero ir a casa.

—¿Dejamos la grabadora aquí?—pregunta Susana.
30   —Bueno—dice Roberto.

Pero entonces, oímos . . . ¿el viento? ¿O la voz de un
fantasma? No esperamos, vamos rápido a la calle y a nuestras
casas.

Es una noche muy larga. ¿Vamos a escuchar voces de los
35   fantasmas en la grabadora? Y si hay voces, ¿qué vamos a
hacer?

El día siguiente es un día fantástico. Vamos a la casa
abandonada. Yo no tengo miedo porque hace mucho sol.
Tomamos la grabadora y cuando estamos en la calle,
40   escuchamos la cinta.

Durante los primeros dos minutos, sólo escuchamos la voz
del viento. Pero entonces . . .

¡AAAAAAH! ¡AAAYUUUDAAME! ¡AYÚDAME!

Tengo mucho miedo y no espero. Voy a casa. Quiero estar
45   en mi casa y hablar con mi mamá.

Mi mamá está en la sala.

—¡Mamá, Mamá! ¡Hay fantasmas en la casa abandonada!

—Paquita—dice—, ¿qué fantasmas? ¿Qué casa abandonada?

—La casa de la calle Martínez—contesto.

50 En ese momento vienen Roberto y Susana.

—Paquita, ¿estás bien?—pregunta Susana.

—Ahora sí, pero ¿qué pasa con Roberto?—pregunto, porque Roberto tiene una expresión diferente.

—¡Ja! ¡Ja! ¡Ja!—Roberto casi no puede hablar—. Ay,

55 ¡Paquita! ¡Ayúdame! ¡AYUUDAAME!

—Roberto . . . ¡Es tu voz en la cinta! ¡Pero qué idiota que eres! ¡Tonto! ¡Imbécil!—yo estoy furiosa.

—Es sólo un chiste—dice Susana.

¡¿Un chiste?!

60 Yo no hablo más, pero voy a esperar. Un día Roberto va a tener una sorpresa también. . . .

¿DE QUÉ SE TRATA?

1. Would you have gone into the haunted house in the story to tape ghosts' voices? Explain your answer.
2. If you had friends who believed in ghosts and you wanted to change their minds, what would you tell them?

¿QUÉ QUIERE DECIR?

la voz del fantasma	the ghost's voice
tengo miedo	I'm afraid
grabar	to tape
dejar	to leave (behind)
la grabadora	tape recorder
podemos volver a recogerla	we can come back for it
si	if
oímos	we hear
siguiente	next
ayúdame	help me
el chiste	joke

El periódico del domingo

por Eduardo Aparicio

Do you think most people read the Sunday newspaper for
information or for entertainment?

Ella y él primero tienen mucha.
Pero él termina con cho
y ella termina con cha.
¿Quién es ella?
¿Quién es él?

¿Quién es la esposa del padre
del padre de mi hermana?

¡5 CH!

¿Cómo está Roberto?

Sin mí no puedes
recibir cartas.
Estoy siempre correcto
con sólo una ce y sin te.
¿Quién soy?

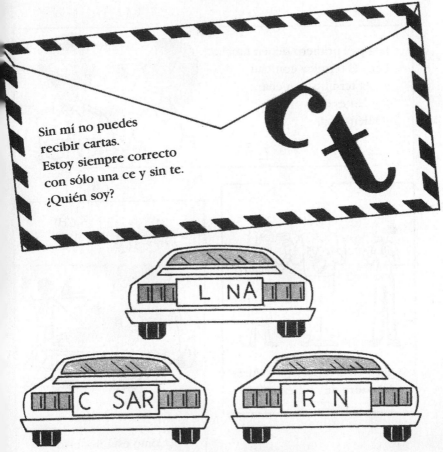

¿De quién es el coche?

Con una ere
soy conjunción,
pero con una erre
soy tu amigo
y quiero jugar contigo.

¿Qué dice aquí?

¡SERE YUM TITICA NOPÁ!

¿Qué dice el horario al reloj?

¿DE QUÉ SE TRATA?

1. Do you prefer games that require physical or mental skill? Why?
2. Which of these games did you like best? Why?
3. Do you know any riddles in English? Can you share your favorite one with the class?

¿QUÉ QUIERE DECIR?

la conjunción	conjunction
dice	does (it) say

8

Izquierda, derecha

Do you still remember any nursery rhymes? Did you have a favorite one?

Izquierda,

derecha,

delante,

detrás,

cerca

y lejos

y algo más;

abajo,

arriba,

enfrente,

encima

y ahora, muchachos,

se acaba la rima.

¿DE QUÉ SE TRATA?

1. Is there a rhyming pattern to this poem? If so, what is it?
2. At what age do you think Hispanic children would learn this poem? Why?

¿QUÉ QUIERE DECIR?

algo	something
se acaba la rima	the rhyme is finished

9

La carta de David Cisneros

por Susan Dobinsky y Roberto García

How would you feel if you had to be away from your
family for a long time to pursue a personal goal?

Personajes

ANA MARÍA CISNEROS, joven actriz de Chile. Tiene 20 años.
DAVID CISNEROS, hermano de Ana María. Tiene 12 años.
SALVADOR CISNEROS, padre de Ana María y de David. Actor de teatro.
AMELIA CISNEROS, madre de Ana María y de David. Directora de cine.
5 PABLO GARRIDO, director español de películas y amigo de Salvador y
Amelia Cisneros. Busca una actriz para su película nueva.

Escena I *(el 10 de octubre)*

*(Amelia está sola en el correo con una carta. Compra
un sello para España.)*

Escena II *(el 20 de noviembre)*

(En la casa de la familia Cisneros. Son las 12,30 de la tarde.
10 *Los señores Cisneros están en la sala de su casa.*
Leen el periódico. Entra David.)

DAVID	Hola, Papá. Hola, Mamá.
SALVADOR	¿Qué tal, hijo?
AMELIA	Hola, David.
15 SALVADOR	¿Por qué llegas temprano de la escuela?
DAVID	Papá, hoy es sábado.
SALVADOR	Ah, sí, hijo, tienes razón. Pero, ¿qué haces en casa ahora? ¡Y un sábado! ¿Estás enfermo?
AMELIA	Salvador, el chico siempre come aquí los sábados antes de ir al cine.
20	

DAVID	Pero hoy no voy al cine, Mamá.
SALVADOR	*(preocupado)* ¿Por qué, hijo? ¿Qué pasa?
AMELIA	*(impaciente)* ¡Por favor, Salvador!

(David mira la televisión y no habla. Está aburrido.)

25 SALVADOR	David, ¿por qué no lees o practicas el violín?
DAVID	No tengo ganas, Papá.
SALVADOR	¿Por qué no . . . ?
AMELIA	¡Salvador! ¿Qué pasa? El chico no tiene ganas de hacer nada. ¡Déjalo!
30 SALVADOR	Ay, Amelia, estoy preocupado. Esta noche viene a casa nuestro amigo, Pablo Garrido.
AMELIA	¿Ah, sí? ¿Por qué?
SALVADOR	Él quiere llevar a Ana María a España para hacer una película con él. Dice que la carta de . . .
35 AMELIA	*(interrumpe a Salvador)* ¡No me digas! ¡Estupendo! Ir a España y hacer una película es una gran oportunidad para Ana María, Salvador.
SALVADOR	*(muy triste)* Sí, por supuesto . . . pero España
40	está muy lejos . . .
DAVID	*(muy triste también)* Sí . . .

Escena III *(el 20 de noviembre)*

(La casa de la familia Cisneros. Son las 8,30 de la noche. La señora Cisneros y David miran la televisión. El señor Cisneros abre la puerta. Entra el señor Pablo Garrido.)

45 SALVADOR	Buenas noches, Pablo.
PABLO	Buenas noches, Salvador y Amelia. *(Mira a David.)* Y tú tienes que ser David, ¿no?
DAVID	Sí, hola.
PABLO	¿Y dónde está Ana María? Quiero hablar también
50	con ella sobre la película.
SALVADOR	Sí, un momento.

(Salvador llama a Ana María. Ana María entra en la sala.)

SALVADOR	Pablo Garrido, Ana María.
ANA MARÍA	Mucho gusto, señor Garrido.
55 PABLO	Hola, Ana María.

AMELIA	Ana María, hija, Pablo quiere hablar contigo sobre un proyecto que él tiene ahora.
PABLO	Sí, Ana María. Después de leer la carta de tu hermano David . . .
DAVID	¿Mi carta? ¿Qué carta?
SALVADOR	*(un poco incómodo)* Pues, tu carta, David.
DAVID	Pero, ¿qué carta?
AMELIA	*(incómoda)* Bueno . . . pues . . . Pablo es un buen amigo y él va a hacer una película nueva . . . mi hija es actriz y él necesita una joven para su película . . . una carta de un niño es más inocente y sincera . . .
SALVADOR	¡Amelia! Entonces tú escribiste la carta.
ANA MARÍA	¡Mamá!
AMELIA	Bueno . . . sí . . . yo . . . con el nombre de David.
PABLO	¡Tengo una gran idea! Voy a escribir mi primera obra de teatro: "La carta de David."
AMELIA	Pero, Pablo, mi hija . . . tu película . . .
PABLO	Vamos a hablar otro día sobre la película. Ahora quiero ir a escribir mi obra de teatro. Adiós.

(Salvador, David y Ana María miran a Amelia con gran enojo.)

¿DE QUÉ SE TRATA?

1. Why do you think that Salvador and David feel sad when they hear that Ana María might be going to Spain?
2. How do you think Ana María feels at the end of the story? If you were in her place, what would you do next?

¿QUÉ QUIERE DECIR?

el sello	stamp	**el proyecto**	project
déjalo	leave him alone	**escribiste**	you wrote
llevar	to take	**el enojo**	annoyance
interrumpe	she interrupts		

Las cartas de Ana María Cisneros

por Susan Dobinsky y Roberto García

Would you find it easier to express your feelings about someone or something in person or in a letter?

Ana María Cisneros, la joven actriz de Chile del otro capítulo, recibe una invitación del gran director español Pablo Garrido para ir a Madrid y actuar en su película, *Invasión de las galaxias*. Ésta es la carta que ella recibe:

Madrid, 8 de febrero de 1989

Srta. Ana María Cisneros
Avenida de los libertadores 15
Santiago de Chile, Chile
América del Sur

Estimada Srta. Cisneros:
    Según el señor Garrido Ud. debe llegar a Madrid para filmar la película *Invasión de las galaxias* antes del primero de marzo. Tenga la bondad de llamarme cuando llegue a Madrid.

Atentamente,
Empresa Cine Garrido

Pepa Escobar

Secretaria del Director

Ana María viaja a España, y allí escribe muchas cartas a su familia y
también recibe cartas de ellos. Aquí vas a leer una selección de esas
cartas. Así puedes comprender mejor a Ana María y a su familia—su
mamá, directora de películas, su papá, actor famoso y su hermanito
David.

Madrid, 5 de marzo de 1989

Queridos padres y David:
Estoy aquí en Madrid y estoy muy bien. Tengo una habitación en el Hotel
Alfonso XII con otra actriz de la película que es muy simpática. Madrid
me encanta. Es una gran ciudad con muchas tiendas de ropa, museos,
teatros y parques. Voy al estudio todas las mañanas. Trabajo todo el día,
y por la noche estoy muy cansada. Me gusta mucho el trabajo. Es muy
interesante y aprendo mucho. Voy a escribir otra carta pronto. Un abrazo
a todos de

Ana María

Santiago de Chile
26 de marzo de 1989

Querida hermana:
¿Cómo estás? Yo estoy bien. Este año voy a participar
en el equipo de fútbol de mi escuela. ¿Vas mucho a los
partidos de fútbol en Madrid? A mí me gusta ver a Pepe
Romero y José Carlos Martínez del equipo de fútbol Real
Madrid.
Ahora, no miro mucho la televisión porque a Papá no
le gusta. Papá todavía habla y habla sin escuchar. Sólo
habla del teatro y de la música clásica. Todavía practico
el violín pero no me gusta hacerlo. Quiero tocar la guitarra
y la música rock. Mamá está muy ocupada con su nueva
película, *El lago de los Andes,* y trabaja mucho. ¡Quiero ir
a Madrid para estar contigo! Un abrazo de tu hermano

David

Santiago de Chile
2 de abril de 1989

Querida hija:

Todo está muy bien aquí en Chile. Tu papá está en el teatro todas las noches, los sábados y los domingos también. Su obra de teatro _Maximiliano sin honor_ es un gran éxito aquí en Santiago. Él está muy contento. Pero habla y habla de su trabajo sin escuchar a nadie.

Tu hermanito escucha su música rock todos los días. No estudia mucho y está bastante aburrido aquí sin ti. Casi no toca el violín. ¡Qué lástima! Toca muy bien pero sin practicar, nunca va a ser un gran violinista. Le gusta más la guitarra. Yo prefiero el violín. Tu papá también. Yo estoy bien, muy ocupada con mi película. Un abrazo grande de

Mamá

GARRIDO: SU NUEVO TALENTO DE CHILE

Siempre prefiero las películas de Pablo Garrido porque son inteligentes y también interesantes. Pero su película nueva es un gran éxito con la presencia de la actriz estupenda Ana María Cisneros, el nuevo talento de Chile. En la película _Invasión de las galaxias_ es obvio que actriz excelente

¿DE QUÉ SE TRATA?

1. What can you tell about David's relationship with his sister from his letter to her?
2. Imagine that you are Salvador. What would you say in a letter to your daughter?

¿QUÉ QUIERE DECIR?

estimada	dear
Tenga la bondad de llamarme cuando llegue a Madrid.	Please call me when you arrive in Madrid.
Empresa Cine Garrido	Garrido Film Company
así	in this way
mejor	better
queridos	dear
la habitación	room
el abrazo	hug
el equipo	team
el éxito	success

El pueblo de tontos

por Elizabeth Millán

Can you usually solve your own problems, or do you
sometimes need someone else's help?

Hay muchos tontos en la Tierra pero en el pueblo de Tolencia
todos son tontos: los guardianes del zoológico, los granjeros,
los policías, los vendedores, los veterinarios, los profesores,
los abuelos, los padres y los niños. Los animales de este pueblo
5 son muy tontos también. Los gallos de Tolencia siempre cantan
por la noche, no por la mañana. El ruido de sus canciones es
tremendo y nadie duerme bien. (Los tolencianos siempre están
cansados.)
     Un día cuando don Hortensio Hortelecio, el alcalde de
10 Tolencia, camina a su oficina, ve un hoyo enorme en el camino.
     —¿Qué pasa?—dice don Hortensio—. ¡Vamos a arreglar este
hoyo ahora!
     Don Hortensio llama a los tolencianos. Les dice que tienen
que arreglar el hoyo del camino. Y lo arreglan.
15   Después de comer don Hortensio vuelve a su oficina. Ve otro
hoyo.
     —¡Pero qué cosa!—dice el alcalde—. Tenemos que arreglar
este hoyo también.
     Otra vez don Hortensio llama a los tolencianos. Y otra vez
20 arreglan el hoyo.
     Después de trabajar don Hortensio va a su casa. ¿Qué ve en
el camino? ¡OTRO HOYO!
     Llama a los tolencianos y ellos arreglan ese hoyo también.
     Un día después don Hortensio sale de casa. ¿Qué ve delante
25 de su puerta? ¡Sí! ¡OTRO HOYO!

El alcalde llama a los tolencianos y ellos arreglan ese hoyo
también. ¡Ya están cansados de arreglar hoyos!

Bueno, esta cosa de los hoyos ocurre todos los días. Ocurre
por la mañana, por la tarde y por la noche. ¡Hay muchos hoyos!
30   Están al lado de la piscina. Están enfrente de la escuela. Están
a la izquierda del banco. Están a la derecha de la biblioteca. El
miércoles hay uno detrás del hotel. El jueves hay uno delante
del museo. El viernes hay uno cerca de la farmacia, el sábado
al lado de la estación y el domingo uno muy grande enfrente
35   de la iglesia.

Los tolencianos, muy tontos, arreglan un hoyo y un poco
después siempre hay otro.

¿Te digo cómo arreglan los hoyos? Van un poco lejos del
hoyo y cavan tierra. Cavan y cavan . . . ¡y hacen otro hoyo!
40   Después llevan la tierra al primer hoyo y lo llenan con la tierra.

Bueno . . . los listos del pueblo de al lado ven los hoyos y
el trabajo tonto de los tolencianos. Una noche van a Tolencia.
Ven un hoyo y lo llenan con cosas viejas. Llenan el hoyo con
zapatos viejos, con revistas y periódicos, con calendarios
del año pasado y con cuadernos y hojas de papel. Con
bicicletas y coches viejos, con guitarras, teléfonos, radios y
tocadiscos . . . paraguas, bufandas, botas y sombreros que
ya nadie usa . . . y un niño lo llena con zanahorias y guisantes.
¡Ahora no hay más hoyos!
Esa mañana don Hortensio Hortelecio sale de su casa. Va
a su oficina. Vuelve a casa y sale otra vez por la noche.
¡Y no ve hoyos! Está contento y todos los tolencianos están
contentos . . . pero todavía son tontos y los gallos todavía
cantan por la noche.

¿DE QUÉ SE TRATA?

1. Why do you think some people learn from their mistakes while
   others don't?
2. If you had written this folk tale, would you have chosen a diffcrent
   kind of ending? If so, how would your ending have differed from
   the one in the story?

¿QUÉ QUIERE DECIR?

el pueblo	town	**cavan**	they dig
el alcalde	mayor	**llenan**	they fill
el hoyo	hole		

33

La caja
MISTERIOSA
(PRIMERA PARTE)

por Susan Dobinsky y Roberto García

Have you ever received an anonymous letter or package?

Personajes

ELENA RIBALDI, una chica peruana de 15 años,
que vive en Chicago, Illinois, con su familia
CARLOS, amigo de Elena
EL CARTERO

Acto I
Escena I

5   *(En la casa de Elena. Ella habla por teléfono*
con su amigo Carlos.)

ELENA   ¡Hola, Carlos! ¿Quieres ir al cine hoy?
CARLOS   ¡Claro que sí! ¿A qué hora?
ELENA   Dentro de una hora, a las cinco. Tengo que ir
10   a comprar un libro primero, pero después te
puedo esperar enfrente del cine Lakeview.
¿Está bien?
CARLOS   Sí. Hasta luego, Elena.
ELENA   Adiós, Carlos.

15   *(El cartero llama a la puerta. Elena abre la puerta*
y ve que él tiene una caja.)

CARTERO   Buenas tardes. La señorita Elena Ribaldi,
por favor.
ELENA   Yo soy Elena Ribaldi. ¿Qué desea Ud.?
20   CARTERO   Señorita Ribaldi, esta caja es para Ud.

ELENA	¿Para mí? ¿De dónde es?
CARTERO	Del Museo de Arte Inca en Cuzco, Perú.
ELENA	. . . mmm . . . Muy bien, gracias.
CARTERO	Adiós, señorita Ribaldi.

25 *(Elena toma la caja y la pone sobre la mesa. Mira su reloj.)*

ELENA	¡Ay, tengo que salir ahora para llegar a tiempo al cine!

Escena II

(Elena llega a su casa del cine. Abre la puerta y entra con su amigo Carlos. Él ve la caja sobre la mesa.)

30 CARLOS	Ah, y aquí está la caja que me describiste. Elena, ¿por qué no la abres?

(Elena va a la mesa a buscar la caja. Entonces la abre.)

ELENA	Carlos, ¡ven aquí! Hay cinco máscaras muy hermosas de diferentes colores. ¡Qué bellas!
35 CARLOS	Sí, son bellas y también misteriosas.
ELENA	Sí, sí. . . . No sé qué hacer con ellas.

(Elena cierra la caja. Carlos va a casa. Elena se acuesta.)

Escena III

(El día siguiente. Elena va a la mesa para ver las máscaras otra vez. Ella corre al teléfono.)

40 ELENA	¡Carlos, Carlos, las máscaras!
CARLOS	¿Qué pasa con las máscaras, Elena?
ELENA	No hay nada aquí. ¿Qué hago, Carlos?

¿DE QUÉ SE TRATA?

1. If you were Elena, would you have opened the box right away? Why?
2. Why do you think the masks disappeared?
3. What do you think will happen next?

¿QUÉ QUIERE DECIR?

el cartero	the mail carrier	**se acuesta**	goes to bed
describiste	you described	**siguiente**	next
la máscara	the mask	**corre**	runs

La caja
MISTERIOSA
(SEGUNDA PARTE)

por Susan Dobinsky y Roberto García

If you were Elena, how would you solve the mystery of the masks?

Personajes

ELENA RIBALDI   SEÑOR VÁSQUEZ

INSPECTOR MEDINA   CARLOS, amigo de Elena

Acto II
Escena I

(La casa de Elena. Ella habla por teléfono con Carlos.)

CARLOS   . . . Si estás preocupada puedes llamar a la
5   policía. . . .

ELENA   Sí, voy a llamarla ahora y por la tarde
podemos ir a la playa.

CARLOS   Bueno, adiós.

Escena II

(Una hora después llega el Inspector Medina.)

10   SR. MEDINA   Buenos días. ¿Es Ud. la señorita Ribaldi?

ELENA   Sí, señor. ¿Quién es Ud.?

SR. MEDINA   Soy el Inspector Medina.

(El Inspector Medina entra en la casa.)

SR. MEDINA   Señorita Ribaldi, ¿de dónde es la caja?

15   ELENA   De Cuzco. Del Museo de Arte Inca.

| SR. MEDINA | ¿Puede describirla? |
| ELENA | Es una caja no muy grande y hay cinco máscaras de colores diferentes en la caja. |

(El Inspector Medina escribe la información en su cuaderno.)

20

SR. MEDINA	¿Eso es todo, señorita?
ELENA	Sí. Pero, ¿dónde puede estar la caja, Inspector?
SR. MEDINA	No sé. Tenemos que buscarla pero no tenemos ninguna pista.
ELENA	Oh . . . ¡Qué misterioso está todo esto! ¿Qué debo hacer, señor?
SR. MEDINA	Nada por ahora, Elena. Tenemos que esperar. Voy a hablar con el señor Vásquez del Perú, del Museo Inca y si es posible, él va a venir a visitarla. Tal vez él puede contestar nuestras preguntas. Si quiere hablar conmigo, puede llamarme a mi oficina. El número es 555-43-71.
ELENA	Gracias, Inspector. Adiós y buena suerte.

25

30

Escena III

35

(La casa de Elena. Un señor con traje y sombrero grises está en la puerta y habla con Elena.)

ELENA	¿Es Ud. el señor Vásquez del Perú?
SR. VÁSQUEZ	Sí, señorita. Aquí está mi identificación. *(Elena la lee y todo está correcto.)* ¿Ud. no tiene ninguna idea de dónde está la caja, señorita?
ELENA	No, no sé dónde está, y no la tengo.
SR. VÁSQUEZ	Señorita, la caja es . . . pues, tiene cosas muy importantes. ¡Tengo que encontrarla! Necesito encontrar las máscaras, señorita. Las máscaras que están dentro de la caja.

40

45

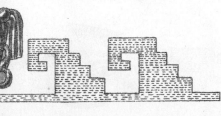

ELENA	Pero le digo la verdad. La caja no está aquí.
SR. VÁSQUEZ	¡Ud. no puede entender qué son estas máscaras!
50 ELENA	Señor, quisiera darle más información pero no puedo. ¿Quiere entrar y mirar?

(Elena camina de la puerta a la mesa. El señor Vásquez entra, mira y no ve las máscaras.)

SR. VÁSQUEZ	¡Qué horror! ¿Qué voy a hacer?
55 ELENA	¿Qué pasa, señor?
SR. VÁSQUEZ	Las máscaras son de mi país. Son del gran tesoro inca en Cuzco. Hay una leyenda que dice que las máscaras son mágicas y con ellas el creador del mundo, Viracocha, creó el mundo. Según esta leyenda, si las máscaras salen del Perú, habrá una catástrofe, y nuestro mundo va a terminar. ¡Tenemos que encontrarlas, señorita! ¡Tenemos que encontrarlas!
65 ELENA	¡Caramba!

Escena final

(Elena duerme en el sofá de la sala. Entra Carlos.)

CARLOS	Elena, vamos. Ya es tarde y quiero ir a la playa a nadar.
ELENA	¿Qué dices? ¿Dónde está el señor . . . y la caja?
70	Carlos, ¡la caja misteriosa! Según el señor Vásquez del Perú, Viracocha creó el mundo con las máscaras.
CARLOS	Elena, ¿estás loca? Viracocha, ¿qué es eso?
ELENA	No estoy loca, Carlos . . . es Viracocha quien
75	creó el mundo.
CARLOS	Estudias mucho, Elena, y después del examen de ayer, estás cansada.

ELENA	Pero, ¡las máscaras, las máscaras de ayer!
CARLOS	Sí, sí . . . pero, ¿un hombre del Perú? ¡Qué absurdo! ¿Estás loca, Elena?
ELENA	No . . .
CARLOS	Elena, ¿duermes todavía?
ELENA	¡Tengo que encontrar las máscaras o el mundo va a terminar!
CARLOS	¿Qué dices?
ELENA	Según una leyenda inca, si las máscaras salen del Perú, el mundo va a terminar.
CARLOS	Ahora estoy seguro de que estás loca. Es un sueño. Vamos a nadar. Ya es tarde.
ELENA	Tal vez tienes razón, Carlos. Estoy cansada. No hay ningún señor Vásquez del Perú. No hay ninguna leyenda. El Inspector Medina va a resolver el misterio.
CARLOS	Muy bien. Vamos.

(Elena toma su bolso y va a la ventana. La única persona que ve en la calle fuera de su casa es un señor con traje y sombrero grises que lee el periódico en la esquina y simplemente espera el autobús.)

¿DE QUÉ SE TRATA?

1. Do you think it was a good idea for Elena to call the police? Explain your answer.
2. If you were Carlos, how would you have reacted to the events?

¿QUÉ QUIERE DECIR?

la pista	hint, clue	**creó**	created
el tesoro	treasure	**habrá**	there will be
el creador	creator	**el sueño**	dream
el mundo	world	**resolver**	to solve

Los números de Juan

por Elizabeth Millán

Do you believe in luck? Or do you believe that what happens
to you is of your own doing?

Quiero contarte la historia de mi mejor amigo Juan Camacho.
Unas personas piensan que es una historia muy triste pero yo
no pienso así. Bueno, te voy a contar su historia y así tú puedes
decidir.

5   Juan es un joven alto y muy simpático. Es el mayor de cuatro
hermanos. Su familia no es rica, pero todos los meses le manda
dinero para sus estudios y para pagar su pequeño apartamento
en la ciudad. Estudia en el Instituto de Arte porque quiere ser
artista. La verdad es que dibuja bastante bien. Creo que es el
10   mejor alumno del Instituto.

El problema de Juan es que sólo quiere divertirse. Va a todas
las fiestas y siempre canta y toca la guitarra. Nunca tiene dinero;
el dinero que recibe de sus padres es para las cosas básicas:
su educación, su casa y la comida. Debe buscar un trabajo pero
15   es muy perezoso. Sólo piensa en divertirse . . . y en la lotería.

Juan piensa mucho en la lotería. Todos los sábados compra
los mismos números: 4-11-17-23-29-31. Estos números son las
fechas de cumpleaños de toda su familia. Si gana, quiere ir a
París, tener un estudio en una casa fantástica y comprar un
20   coche muy caro. ¡Nunca va a tener que trabajar! Sólo va a
dibujar, tocar la guitarra y cantar.

Pero un día llega una carta de sus padres. El padre de Juan
no tiene trabajo ahora y ellos no pueden mandarle más dinero.
Juan, el más perezoso de todos los estudiantes, va a tener que
25   buscar trabajo y estudiar más.

Después de buscar trabajo en muchas tiendas, oficinas y escuelas Juan encuentra uno en el museo de arte. Va a ser el guardián del museo y va a trabajar por la noche. ¡Pobre Juan! Ahora no tiene tiempo para salir con sus amigos y divertirse.

30 Por la noche está solo en el museo, y dibuja. Siempre dibuja. Cuando está en el museo mira arte y dibuja, y cuando está en el Instituto estudia arte y dibuja. Juan tiene muchas ideas y dibuja todas de ellas.

Sus profesores están contentos y le dicen a Juan que hay un

35 concurso de arte en la ciudad. El primer premio es un viaje a París. Por supuesto Juan decide participar en este concurso. Ahora sólo piensa en ganar el concurso. No piensa en salir y nunca piensa en la lotería.

Después de unos meses, llega el día del concurso. Todos

40 escuchamos el nombre del ganador: ¡Juan Camacho! Estamos todos muy contentos, especialmente Juan. Regresamos con él a su apartamento donde hace las maletas para su viaje a París. Ahora sabe que su arte es todo para él. Piensa trabajar en el museo después de su viaje a París, y piensa estudiar mucho.

45 Cuando regreso del aeropuerto escucho las noticias en el radio de mi coche. Los números ganadores de la lotería de la semana son: 4-11-17-23-29-31. Pienso inmediatamente en Juan y que es muy contento con sus estudios y su viaje. Ahora es una persona seria y dedicada. Y no pienso decirle nada de esos

50 números, los números con que él jugaba antes.

4 11 17 23 29 31

¿DE QUÉ SE TRATA?

1. At the beginning of the story, the narrator says that some people think that this is a sad story. What do you think? Why?
2. Why do you think that Juan's friend decides not to tell him anything about the winning numbers?

¿QUÉ QUIERE DECIR?

la historia	story	el premio	prize
así	in this way	el ganador	winner
manda	sends	sabe	he knows
mismos	same	jugaba	he used to play
el concurso	contest		

15

Manolito y sus amigos

TERE

por Eduardo Aparicio

NICO

LALITA

MANOLITO

Can you describe a situation in which you wanted something so badly that you were willing to work for it?

¡UF!
¡QUÉ CALOR!

YA ES CASI VERANO.

ESTE VIERNES ES EL ÚLTIMO DÍA DE CLASES.

¿SABES ADÓNDE VOY DE VACACIONES?

NO.

¿QUIERES SABER?

NO.

EN JULIO VOY A CHILE A ESQUIAR.

¡QUÉ MALA IDEA! EN JULIO HACE MUCHO FRÍO EN CHILE.

¡ANTIPÁTICO!

YO VOY A EUROPA ESTE VERANO.

¡QUÉ MALA IDEA! LAS VACACIONES DE VERANO EN EUROPA SON CARÍSIMAS.

¡TACAÑO!

YO VOY A PASAR TODO EL VERANO EN LA FLORIDA.

¡QUÉ MALA IDEA! EN LA FLORIDA HACE MUCHO CALOR.

¡TONTO!

¿Y TÚ, QUÉ PIENSAS HACER?

YO TENGO MIS PLANES. ¡VOY A QUEDARME EN CASA TODOS LOS DÍAS!

¡PEREZOSO!

¡MUCHAS GRACIAS! ¿CUÁNDO EMPIEZO A TRABAJAR?

EL SÁBADO POR LA NOCHE, DE LAS OCHO DE LA NOCHE A LAS TRES DE LA MAÑANA.

¡ESTUPENDO! HASTA PRONTO Y MUCHAS GRACIAS.

UNA SEMANA DESPUÉS...

¿QUÉ DESEA UD., JOVEN?

QUISIERA UNO GRANDE, BUENO, BONITO Y BARATO PARA MI DORMITORIO.

ÉSTE ES GRANDE, BUENO, UN POCO FEO, PERO BARATO. ¿ESTÁ BIEN, JOVEN?

SÍ, PERFECTO. ¡MUCHAS GRACIAS!

¡QUÉ CALOR!

¡QUÉ FANTÁSTICO! ¡NO HAY NADA COMO TRABAJAR DE NOCHE Y PASAR TODO EL DÍA EN LA CASA!

¿DE QUÉ SE TRATA?

1. How is Manolito different from his friends?
2. Do you have a favorite comic strip? If so, why is that one your favorite?

¿QUÉ QUIERE DECIR?

como   like

Gregorio

por Elizabeth Millán

Have you ever had to do an assignment that you thought was
impossible, but that turned out to be enjoyable?

Tengo un gran problema. Uno de mis profesores dice que tengo
que escribir un cuento original para su clase. Pero no sé qué
escribir porque nunca me pasan cosas interesantes.

Casi nunca voy de vacaciones porque tengo tres hermanos
5   pequeños y malos, malísimos. Siempre causan problemas y mis
padres dicen que es imposible viajar con ellos. Tampoco tengo
animales domésticos en casa, y por eso no puedo escribir sobre mi
perro "Capitán," ni mi gata "Bella," ni mi pájaro "Pedrito."

No quiero escribir sobre los deportes porque no me gustan mucho.
10 En la ciudad donde vivo, no puedo jugar al béisbol en julio porque
hace demasiado calor. Y no puedo esquiar en enero porque hace
demasiado frío. Tampoco puedo escribir sobre mis amigos porque
hace sólo tres meses que estamos en esta ciudad, y todavía no
conozco a muchos chicos. Ni puedo escribir sobre mi programa
15 favorito de televisión porque mis padres no permiten televisores en
nuestra casa. Sé que debo leer más (si lees mucho tienes más ideas,
por supuesto). Pero no lo hago porque no soy muy buen estudiante.

Lo que más me gusta hacer es dibujar con tizas. Pero, ¿cómo puedo
escribir un cuento sobre los dibujos? No puedo. (Y no quiero.)
20 Decido dibujar y dejar el cuento para otro día.

Voy a mi dormitorio y empiezo a dibujar una montaña, un lago y
muchos árboles por donde está un pequeño camino. Decido dibujar
una figura chistosa: un hombre bajito, con pelo blanco y ojos negros.
Lleva pantalones cortos de color rojo, largos calcetines amarillos,
25 zapatos verdes, una camisa de muchos colores y un sombrero azul.
Parece que me invita a caminar por el campo con él.

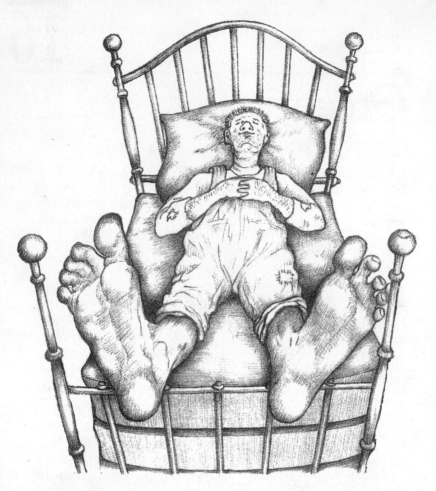

P ero . . . ¿qué pasa ahora? ¡Estoy con el hombre bajito! No parece posible pero estamos, él y yo, al lado de la montaña, ¡la montaña del dibujo! El hombre me dice que se llama Juanín. Dice

30 que la gente de su pueblo tiene miedo de un gigante que vive en la montaña.

El gigante se llama Gregorio. Siempre está de mal humor porque nunca duerme bien. Es tan grande que su cama y su almohada no son cómodas. Duerme mal y ronca mucho. Cuando ronca, piedras grandes

35 caen de la montaña. Estas piedras caen sobre las casas del pueblo y, si no tienen cuidado, sobre Juanín y sus amigos.

Hay otro problema también. Gregorio come demasiado y casi no hay comida para la gente del pueblo. Todos están preocupados. No saben qué hacer. Llueve piedras cuando el gigante duerme. Les
40 falta comida cuando él come. Y Gregorio pasa todo su tiempo entre comer y dormir.

Juanín y sus amigos me piden ayuda. Quiero ayudar, ¿pero cómo? Decido subir la montaña. Necesito ver cómo es el terrible Gregorio. Juanín tiene miedo pero viene conmigo.

45 Después de subir mucho (parece que subimos por horas y horas), llegamos a la casa del gigante. ¡La casa es enorme! Entramos despacio en la casa. Vemos que Gregorio va a tomar la cena. Su cena es enorme también. Parece ser una comida para cien hombres. Hay una paella tan grande como una piscina y un pan tan largo como un árbol. Hay
50 jamones, pollos, otras carnes, verduras y muchas frutas. Gregorio tampoco es muy limpio. La casa está llena de platos sucios.

Como buen gigante, termina la comida y decide dormir. Poco después de dormirse empieza a roncar. Yo sé que muy pronto unas piedras van a caer sobre el pueblo. Tengo que hacer algo, ¿pero qué?

55 Cuando duerme, Gregorio no parece ser tan malo. ¡Pobrecito! El único problema es que Gregorio es demasiado grande. Por eso necesita comer mucho y por eso ronca tan fuerte. Pienso en las figuras grandes de los dibujos que hago. ¿Cómo las arreglo si no me gustan? ¡Claro! Las borro y las hago otra vez. ¿Puedo hacer esto con
60 el gigante?

Saco el borrador que llevo y empiezo a borrar un poco aquí y un poco allí. Parece que borro casi toda la tarde y después dibujo un poco más. Es un trabajo difícil, pero finalmente termino. Gregorio, el ex-gigante, ya no es tan grande. Todavía duerme, pero parece que
65 está mucho más cómodo en su cama.

Ahora cuando Gregorio ronca, la gente del pueblo no va a tener que correr. ¡Y la gente va a poder comer bien otra vez! Juanín está muy contento.

Juntos, Juanín y yo bajamos la montaña y empezamos a caminar al
70 lago. Cerca del lago los amigos de Juanín nos preparan una gran fiesta. Todos quieren celebrar el nuevo Gregorio, pero ahora tengo mucho sueño. En muy poco tiempo me duermo. . . .

lguien me llama. ¿Es Juanín? No, es uno de mis hermanos y estoy
otra vez en mi dormitorio. Miro el dibujo que empecé. Veo
75 una montaña, un lago, muchos árboles, un camino, un hombre bajito
y . . . ¡otro hombre que duerme sobre una cama grande en una casa
enorme en la montaña!

Decido borrar uno de los árboles pero no encuentro el borrador.
¿Dónde está? Ahora sí puedo decir que a veces me pasan cosas
80 interesantes. ¡Y también sé lo que voy a escribir para mi cuento!

¿DE QUÉ SE TRATA?

1. Do you think that it takes more imagination to write or to draw?
   Explain your answer.
2. See if you can draw what the boy has described in the story.

¿QUÉ QUIERE DECIR?

ni	or
el pueblo	town
el gigante	giant
ronca	he snores
la piedra	stone
caen	fall
tan . . . como	as . . . as
como	like
fuerte	loud
empecé	I started